AF495995

DU MAINTIEN

DE LA

NATIONALITÉ DE LA FEMME FRANÇAISE QUI ÉPOUSE UN ÉTRANGER

PAR

MARCEL SAUTERAUD

CONSEILLER A LA COUR D'APPEL DE PARIS

LIBRAIRIE
DE LA SOCIÉTÉ DU
RECUEIL SIREY
Anne Mson LAROSE & FORCEL
LÉON TENIN, Directeur
22, rue Soufflot, PARIS, 5e

1919

DU MAINTIEN
DE LA
NATIONALITÉ DE LA FEMME FRANÇAISE
QUI ÉPOUSE UN ETRANGER

IMPRIMERIE
CONTANT-LAGUERRE
LUX VITAM
BAR-LE-DUC

DU MAINTIEN

DE LA

NATIONALITÉ DE LA FEMME FRANÇAISE

QUI ÉPOUSE UN ÉTRANGER

PAR

MARCEL SAUTERAUD

CONSEILLER A LA COUR D'APPEL DE PARIS

LIBRAIRIE
DE LA SOCIÉTÉ DU
RECUEIL SIREY
Anne Mson LAROSE & FORCEL
LÉON TENIN, Directeur
22, rue Soufflot, PARIS, 5e

1919

DU MAINTIEN

DE LA

NATIONALITÉ DE LA FEMME FRANÇAISE

QUI ÉPOUSE UN ÉTRANGER

La guerre actuelle, par les énormes conséquences qu'elle a entraînées, a mis au premier plan, parmi tant de questions d'ordre juridique, politique ou social, celle qui a trait au changement de la nationalité de la femme par le mariage.

L'article 19 du Code civil a posé le principe suivant :

« La femme française, qui épouse un étranger, suit la condition de son mari. »

Pendant longtemps, cette disposition véritablement exorbitante a pu être tolérée, parce que ses applications étaient relativement rares. Mais, depuis la rédaction du Code civil (1803), les communications internationales se sont considérablement accrues et les voies ferrées ont servi à déverser d'un pays dans un autre, surtout en France, un grand nombre d'immigrants. Cette guerre, par sa durée et par son caractère universel, a appelé sur le territoire français les peuples les plus éloignés et les races les plus diverses, et des millions de combattants ou d'auxiliaires, venus de toutes les parties du monde, se sont donné rendez-vous sur notre sol. Il en est résulté et il en résultera un nombre de plus en plus élevé de mariages de Françaises avec ces sujets alliés ou amis, mariages facilités, hélas ! par les vides creusés dans l'élite de la jeunesse française. Il y a là un danger national. La France, déjà appauvrie de tant de ses fils, le serait encore de ses filles.

***

Quelle est donc la raison qui pourrait justifier un tel sacrifice?

Les jurisconsultes se sont ingéniés à la découvrir et n'y sont guère parvenus.

La plupart se contentent, c'est l'attitude la plus commode, de faire confiance à la loi.

D'autres y voient un consentement présumé de la femme. Mais cette hypothèse ne saurait être retenue, puisque la femme n'est pas autorisée à exprimer une volonté contraire.

M. Weiss émet une autre considération : « La

femme emprunte le nom et le domicile de son mari. Pourquoi n'emprunterait-elle pas aussi sa nationalité? » Mais, la femme, qui, selon un usage passé dans la loi, porte le nom de son mari, n'a pas perdu le sien, et sa personnalité n'en est pas affectée. De même, en matière d'adoption, l'enfant adopté ajoute aussi à son nom patronymique celui de l'adoptant et n'acquiert point la nationalité de l'adoptant. *L'état de famille*, comme le fait observer M. Lehr, ne doit pas être confondu avec *l'état de cité.* Ne faisons pas intervenir non plus le domicile; ce n'est qu'une circonstance de fait. Et puis ce terme « emprunt » paraît doublement impropre. Pour emprunter, comme pour passer tout autre contrat synallagmatique, il faut le vouloir (art. 1180 C. C.); c'est là une condition essentielle. Il faut aussi que ce qu'on emprunte appartienne à son co-contractant. Or, le mari ne possède que sa nationalité personnelle, il ne peut disposer, par délégation, des droits souverains de l'État dont il relève.

D'autres, pensent que c'est là une disposition d'ordre public destinée à éviter entre les époux les inconvénients résultant de la différence de nationalité.

Certes, il est souhaitable qu'une même nationalité unisse les époux, mais ce qui prouve bien que ce n'est pas une règle d'ordre public, c'est que, s'il plaît au mari de changer de nationalité au cours du mariage, la femme garde la sienne. Cette règle est encore si peu d'ordre public que la loi du 18 mars 1917 a décidé que, pendant la durée des hostilités, l'étrangère, sujette d'une nation ennemie, qui épouserait un Français, n'acquerrait nullement la nationalité de son mari, à moins d'une autorisation préalable du ministre de la Justice. L'article 19 C. C. lui-même, modifié par la loi du 26 juin 1889, nous offre un autre exemple de cette dérogation au principe d'unité, en décidant que la Française garde sa nationalité, si son mariage ne lui confère pas celle de son mari. La loi toute récente du 4 février 1919 sur l'accession des indigènes d'Algérie à la qualité de citoyens français, nous en offre encore un exemple bien typique, en décidant (art. 2) que la femme d'un indigène devenu citoyen français postérieurement à son mariage, *pourra* demander à suivre la nouvelle condition de son mari ; elle n'y sera donc pas contrainte.

N'oublions pas non plus que, s'il est désirable que la femme ait la même nationalité que son mari, il ne l'est pas moins, surtout quand elle continue à résider en France, qu'elle ait la même nationalité que son père et sa mère, ses frères et ses sœurs, ne serait-ce qu'au point de vue successoral, et en tous cas au point de vue de ses rapports d'affection avec eux, et aussi que ses propres enfants, qui naissent français, sous la seule réserve de pouvoir décliner cette nationalité à leur majorité (loi du 22 juillet 1893 qui a modifié l'art. 8

n° 3 du C. Ç.). La famille n'est pas limitée au mari ; elle continue à comprendre les parents. L'alliance ne saurait exclure la parenté.

Mentionnons aussi, pour combattre ce prétendu caractère d'ordre public, un projet de loi déposé au Sénat, le 22 décembre 1916, au nom du Gouvernement, par M. Viviani, dans le but de permettre à la femme française qui a épousé un étranger, de reprendre, à la suite d'un simple jugement de séparation de corps, et non plus seulement d'un jugement de divorce, sa nationalité d'origine.

Un autre auteur, M. Rolin, professeur à l'Université de Gand, s'approprie la raison donnée, lors de la confection du Code civil, par l'orateur du Gouvernement, Boulay, à savoir « la nature du mariage, qui de deux êtres n'en fait qu'un, en donnant la prééminence à l'époux sur l'épouse ».

Mais cette prééminence du mari ne se justifie que pour le bon fonctionnement de l'association conjugale : choix du domicile, administration des biens, utilité de l'autorisation maritale, éducation des enfants. Même, dans ces divers cas, elle n'est, d'ailleurs, pas absolue. C'est ainsi que la femme pourra obtenir en justice sa séparation de corps, qui, tout en laissant subsister le mariage, lui accorde un domicile distinct.

De même, la femme a pu se réserver dans son acte de mariage l'administration et la jouissance de sa fortune personnelle (régime de la séparation de biens, (art. 1536 C. C.), ou se la voir restituer par les tribunaux, si le mari s'est révélé mauvais administrateur (art. 1441 et 1443 C. C.). En outre, en dehors de ces deux cas, la loi récente du 13 juillet 1907 a accordé à la femme la libre disposition du produit de son travail, des économies qui en proviennent, et des biens achetés avec ces économies, et l'a rendue, de ce chef, entièrement indépendante de son mari.

Quant à l'autorisation de celui-ci, elle peut être remplacée par celle de justice (art. 218 et 219, C. C.) (art. 50 de la loi du 9 mars 1918).

Enfin, la puissance paternelle a été restreinte par les lois des 7 décembre 1874, 24 juillet 1889 et 19 avril 1898, art. 4.

Cette prééminence du mari, on le voit, a ses bornes. Elle ne saurait donc s'étendre à la nationalité, pas plus qu'à la religion. Voilà longtemps qu'on a renoncé à imposer à la femme une religion autre que celle de sa conscience ; les inconvénients résultant de mariages mixtes (entre protestants et catholiques, chrétiens et juifs, etc.) n'ont pas paru constituer un motif suffisant de troubler ses croyances religieuses. Il doit en être de même du culte de la patrie.

On a invoqué aussi l'idée de pénalité. « En se plaçant, a-t-on dit, sous l'autorité et la dépendance d'un étranger, elle s'est volontairement mise dans une position qui ne lui laisse pas la liberté de remplir utilement les devoirs dont elle est tenue envers son pays... Il s'agit d'une peine, d'une déchéance; la femme qu'elle atteint ne peut donc s'y soustraire ». Cet essai de justification de la loi en constitue, en réalité, la critique la plus éclatante. La femme française qui épouse un étranger, surtout s'il appartient à une nation alliée ou amie, n'est point une coupable, une indigne; elle use du droit le plus respectable, en voulant fonder une famille, avec le consentement de ses propres parents français et devant un magistrat français. La loi elle-même compte tellement sur la constance de son patriotisme, qu'elle voit dans ce mariage un titre de faveur à la naturalisation ultérieure de son mari (art. 8, *in fine*, du Code civil).

⁂

Quelle a donc pu être jusqu'à ce jour, non la justification, mais l'explication de cette dénationalisation de la Française qui épouse un étranger?

Une des causes paraît tout d'abord tenir à une erreur historique. On se rappelait la noble définition du mariage donnée dans le droit romain : « Nuptiæ, sive matrimonium est viri et mulieris conjunctio, individuam vitae consuetudinem continens » (le mariage, ou justes noces, est l'union de l'homme et de la femme, impliquant identité d'existence). Mais, cette égalité de situation, cette unité de la famille, loin d'être une des conséquences des « justæ nuptiæ », en était, au contraire, la condition préalable et nécessaire, puisque les « justes noces » n'étaient permises qu'entre citoyens romains : « justas autem nuptias inter se cives romani contrahunt » (les citoyens romains contractent entre eux de justes noces) disent les Institutes de Justinien; « Connubium habent cives romani cum civibus romanis » (les citoyens romains ont le droit de mariage avec les citoyennes romaines), dit Ulpien; il fallait que l'homme et la femme fussent déjà en possession du droit de la cité romaine (jus civitatis). Ce mariage, ainsi réservé aux seuls citoyens romains, ne pouvait donc avoir aucune influence au point de vue de l'acquisition ou de la perte de la nationalité. Certes, le mariage était également permis entre Romains et pérégrins, c'est-à-dire étrangers. Mais ce n'était qu'un mariage de second ordre, aussi l'appelait-on « matrimonium non legitimum », ou encore « matrimonium sine connubio ». Il ne modifiait aucunement la nationalité de la femme, à qui il ne conférait que le rang social et la condition civile du mari, en laissant subsister, comme le dit Accarias (tome 1, p. 226), la différence *ineffaçable* des nationalités. Quant à l'union, d'ordre encore inférieur, dite « concubinatus », en usage entre les ingénus et les affranchis, à plus forte raison laissait-elle subsister l'inégalité de condition, et elleméritait en conséquence la qualification de « inæquale conjugium » par opposition aux « justæ nuptiæ ». Inutile de parler de l'union de fait entre esclaves, ou entre une personne libre et un esclave, dite « contubernium », l'esclave n'ayant aucune personnalité, aucun droit, aucune patrie.

Rappelons-nous enfin que, même au temps de Justinien, alors que le « jus civitatis » avait été concédé par l'empereur Caracalla à tous les sujets de l'empire, les « justæ nuptiæ » demeurèrent inaccessibles aux barbares. Ainsi, les Romains, à bon droit, se sont toujours bien gardés de faire dépendre du mariage, qui n'est qu'un contrat de droit privé, la nationalité, principe de droit public.

On comprend, par contre, qu'à la chute de l'empire romain, les conquérants germaniques aient adopté la règle inverse, à leur profit. Comme le dit Esmein (*Histoire du droit français,* p. 61), les femmes mariées, au moins quand il s'agissait d'une femme épousant un barbare, sous le *mundium* duquel elle passait, prenaient la loi de leur mari.

Quelle que soit, au surplus, l'influence que le souvenir, soit de la loi romaine, imparfaitement comprise, soit des coutumes germaniques, ait pu exercer dans l'élaboration de notre Code civil, il semble bien, comme nous avons déjà eu l'occasion de l'énoncer dans l'étude insérée au *Journal de droit internatio-*

nal privé, de M. Édouard Clunet (livraison de mars 1918), que l'explication des articles 12 et 19 du C. C. réside surtout dans les conceptions généreuses de nos ancêtres de la Révolution. « Pénétrés de l'éminente dignité de citoyen français dans une nation qui venait d'abolir les servitudes féodales et les privilèges, de réaliser l'égalité civique et de proclamer les droits de l'homme, ils considérèrent que la nationalité française devait apparaître à tous les étrangers comme une récompense. La Constitution du 24 juin 1793 conférait la nationalité française à tout étranger qui, domicilié en France depuis une année, « adopte un enfant où nourrit un vieillard » et, même en dehors de toute condition de résidence, « à tout étranger qui sera jugé par le Corps législatif avoir bien mérité de l'humanité. » Servir l'humanité, c'était, et c'est encore, un titre à la reconnaissance de la France. Il parut donc tout naturel de faire bénéficier de cette faveur l'étrangère qui épousait un Français. Tel fut le texte de l'article 12 C. C. où il ne s'agit que du mariage d'une étrangère. Puis, le législateur quand il dut aborder, aux articles suivants, le cas inverse du mariage d'une Française avec un étranger, se crut lié par le principe de réciprocité. Il céda (ce fut l'art. 19 C. C.) à l'excès d'une logique qui n'était qu'apparente et spécieuse. Les deux situations, en effet, n'étaient pas comparables. Dans le premier cas, le législateur savait bien ce qu'il offrait à l'étrangère, c'était une nationalité de premier ordre. Mais, dans le second, il ignorait à quel genre de nationalité il exposait la Française épousant un étranger; c'était, pour celle-ci, le saut dans l'inconnu, la soumission à une nationalité d'une constitution toute différente ou même très inférieure, où la femme, d'origine, d'éducation, de mœurs françaises, risquait de ne pas trouver la condition sociale et familiale qu'elle était en droit d'espérer.

⁂

Depuis cette époque, le Droit a progressé, et le respect de la liberté individuelle s'est accru. Le grand jurisconsulte belge Laurent, et, en France, MM. Blondeau, Baudry-Lacantinerie, Houques-Fourcade, Planiol, Weiss, se sont déclarés partisans d'une législation qui permettrait à la femme de ne plus perdre sa nationalité. Dans un ouvrage récent (1916) sur *la nationalité* (p. 464), un jurisconsulte qui est en même temps un homme d'Etat, M. Zeballos, professeur à l'Université de Buenos-Ayres, ancien Ministre des affaires étrangères, de l'Instruction publique et de la Justice, membre du tribunal permanent de La Haye, aboutit aux mêmes conclusions. Ce fut aussi le vœu émis, dans la séance du 7 septembre 1900, par le Congrès international de la condition et des droits de la femme. Lors des débats au parlement anglais, qui ont abouti à la loi du 7 avril 1914, une vive opposition a été faite à l'art. 10 qui consacrait la dénaturalisation de la femme anglaise épousant un étranger (*Revue de droit international privé*, de M. de Lapradelle, année 1914, p. 647 et 710). Tout récemment encore, en Angleterre, une délégation de dix-sept organisations féminines a fait une démarche auprès du Ministre de l'Intérieur, pour aboutir à la réforme de la loi.

En France, la Société d'études législatives a aussi, dans sa séance du 7 mai 1917, sur la proposition de M. Landry, député, soutenu par MM. Weiss, Ambroise Colin et Lefas, émis un vœu tendant, entre autres, à ce que l'art. 19 du Code civil soit modifié de la façon suivante : « La femme française qui épouse un étranger suit la condition de son mari, à moins qu'elle ne manifeste une volonté contraire... » (Rappor de M. Henri Lévy-Ullmann, agrégé près la faculté de droit de Paris, librairie Rousseau, année 1918).

***

Les inconvénients de notre législation actuelle sont multiples :

I. Certains pays n'ont encore atteint qu'une civilisation incomplète, où la dignité de l'épouse et de la mère ne trouve pas le même respect et les mêmes garanties qu'en France. La Française, qui épouse un de ces étrangers, subit donc un avilissement en changeant de nationalité, et par contre-coup le prestige de la France se trouve lui-même compromis aux yeux des sujets de ces pays.

II. Par suite du statut personnel des Russes israélites, la Française, de religion israélite, qui épouse l'un deux, se trouve soumise désormais à ce statut personnel de son mari. Il en résulte qu'elle est privée du droit de demander le divorce en France, les Russes israélites ne connaissant que la répudiation rabbinique, et ce mode de procéder n'étant pas admis sur notre territoire (Clunet, 1912, p. 192, affaire Rosenbaum).

III. Nos lois d'assistance et de protection bénéficieront aux étrangères, parfois « indésirables », qui ont acquis une nationalité de façade en épousant un Français, mais ne pourront être invoquées par des Françaises, devenues malgré elles étrangères pour avoir épousé des étrangers. Telle la loi du 14 juillet 1905 sur l'assistance aux vieillards, et celle du 17 juin 1913 sur l'assistance aux femmes en couches.

Qui de nous, dans ces jours si graves pour l'avenir de la France, n'a reçu leurs confidences, leurs demandes de conseils, n'a été témoin du conflit entre le désir de se créer un foyer et la crainte de perdre une nationalité chère entre toutes ?

Ces conflits de conscience vont se multiplier, en présence des chiffres effroyables qui viennent de nous être révélés sur les pertes de la population masculine de France, dans cette lutte sans exemple et sans comparaison, au point de vue de l'héroïsme et des sacrifices, contre la plus abjecte barbarie :

Morts : 1.071.300. Disparus : 314.000; soit au total 1.385.300 hommes !

Et ce ne sont pas les seuls vides à considérer. Il n'est que trop certain que, parmi les prisonniers de retour d'Allemagne (446.300), un certain nombre, du fait des mauvais traitements, de la nourriture insuffisante et des angoisses morales, offriront de moindres aptitudes au mariage.

A plus forte raison en sera-t-il de même des réformés, dont le nonbre s'élève à 674.000. (113.000 réformés n° 1, 374.000 réformés n° 2, et 131.000 réformés temporaires).

Les mariages avec les étrangers sont donc dans la force des choses, et il appartient au législateur de les faciliter dans des conditions telles que, au lieu d'être une nouvelle cause d'affaiblissement de la race française, ils servent à conjurer la crise du célibat et à accroître la vitalité du pays.

C'est la moindre natalité française qui, dans ces dernières années, a eu pour effet d'encourager la prolifique Allemagne dans ses rêves d'invasion et d'annexion; tâchons que ce danger ne puisse se renouveler, et évitons que ce soit la loi française elle-même qui continue à être une cause de stérilité.

⁂

Nous venons aussi de parler de l'union libre; c'est qu'en effet elle trouve un encouragement dans la loi actuelle. Au lieu de favoriser le mariage, qui constitue la société d'assurances mutuelles par excellence et qui est un inappréciable élément d'ordre et de progrès dans une nation, la loi française commet l'inconséquence de le frapper d'une peine, en retirant sa protection à la Française tentée d'épouser un étranger ou de régulariser son union avec celui-ci. Singulier cadeau nuptial!

⁂

Cette dénationalisation forcée constitue une exception injustifiable aux règles de droit commun qui président à la détermination de la nationalité. Ces règles sont exclusivement les suivantes :

1° Le *jus sanguinis*, ou droit du sang, c'est-à-dire la nationalité subordonnée à la filiation. L'enfant aura la même nationalité que ceux de qui il est né. L'étymologie de patrie est *pater*, le père. La patrie est la terre des aïeux.

2° Le *jus soli*, ou droit du sol, c'est-à-dire la nationalité rattachée au lieu de la naissance ; on s'explique, en effet, que ce lien, surtout quand il est renforcé par d'autres circonstances, telles que le séjour prolongé, la communauté d'éducation, d'intérêts et d'efforts, puisse être assez puissant pour solidariser l'individu avec la terre qui l'a vu naître.

Ce sont ces deux principes que les législations les plus perfectionnées se sont toujours ingéniées à concilier et à combiner, et ce sont les seuls qui puissent former les assises d'une nation. Le mot « nation » dont l'étymologie est *natus*, les résume, d'ailleurs, exactement, puisqu'il s'applique à la fois à ceux de qui on est né et à la terre où on est né.

En dehors de ces deux cas, il ne peut y avoir place que pour la naturalisation individuelle, résultant d'un commun accord entre la personne qui la sollicite et l'État qui la confère. Cette naturalisation ne saurait s'imposer à l'un ni être arrachée à l'autre. Il faut d'abord que l'individu la désire librement, suivant le principe que proclamait déjà Cicéron : « ne quis invitus civitate mutetur » (que personne ne change de nationalité malgré soi). Il faut, en outre, que l'État, avant de l'accorder, exerce son droit souverain de contrôle. Or, actuellement, l'art. 19 du Code civil méconnaît ces deux conditions nécessaires.

⁂

Une autre considération fondamentale milite impérieusement en faveur de la réforme que nous préconisons. Dans cette longue et douloureuse guerre, dans cette universelle croisade de la civilisation contre la barbarie, nous avons lutté, et ce fut le secret de notre force et de notre endurance, pour la liberté des nationalités, pour le droit des peuples à disposer d'eux-mêmes et à se rattacher à la mère-patrie. Soyons donc logiques et appliquons *a fortiori* ce principe aux personnes aussi bien qu'aux collectivités.

⁂

Enfin, c'est l'honneur même de la France qui lui fait une obligation morale de réaliser cette réforme. Pendant plus de quatre ans, les femmes françaises ont supporté, pour une lourde part, le faix de la guerre et ont vaillamment contribué à la victoire définitive. Par leurs efforts personnels, autant que par leur cœur, elles ont aidé à maintenir l'indépendance de la France et à libérer leurs frères et sœurs d'Alsace et de Lorraine. Elles ont bien mérité de la patrie. Serait-ce pour la perdre? Elles ont droit à la reconnaissance. Se heurteront-elles à l'ingratitude?

Et leurs pères et leurs frères, qui se sont battus avec tant d'héroïsme pour les défendre et pour leur conserver ce droit à la patrie, pourraient-ils comprendre qu'elles risquent désormais d'être traitées en étrangères?

La patrie est chose sacrée, *res sacra*.

Rappelons-nous ces fortes paroles de Renan, qui n'ont jamais été d'une plus saisissante actualité : « Une nation est une âme, un principe spirituel. Deux choses, qui, à vrai dire, n'en font qu'une, constituent cette âme, ce principe spirituel. L'une est dans le passé, l'autre dans le présent. L'une est la possession en commun d'un riche legs de souvenirs; l'autre est le consentement actuel, le désir de vivre ensemble, la volonté de continuer à faire valoir l'héritage qu'on a reçu indivis. La nation, comme l'individu, est l'aboutissant d'un long passé d'efforts, de sacrifices et de dévouements... Avoir des gloires communes dans le passé, une volonté commune dans le présent; avoir fait de grandes choses ensemble, vouloir en faire encore, voilà les conditions essentielles pour être un peuple. On aime, en proportion des sacrifices qu'on a consentis, des maux qu'on a soufferts... Oui, la souffrance en commun unit plus que la joie... Une nation est donc une grande solidarité, constituée par le sentiment des sacrifices qu'on a faits et de ceux qu'on est disposé à faire encore. Elle suppose un passé, elle se résume pourtant dans le présent par un fait tangible : le consentement, le désir clairement exprimé de continuer la vie commune... Une grande agrégation d'hommes, saine d'esprit et chaude de cœur, crée une conscience morale qui s'appelle une nation... ».

Cessons donc d'y porter une main impie par un attachement aveugle à un faux dogme juridique sans fondement.

⁂

Aujourd'hui, l'opinion publique est acquise à cette réforme et en reconnaît l'urgence. En outre des auteurs que nous avons eu occasion de citer plus haut, des jurisconsultes modernes, des écrivains, des membres du Parlement l'approuvent.

M. Edouard Clunet, directeur du *Journal de droit international*, ne s'est pas contenté de nous ouvrir toutes grandes les portes de cette importante Revue. Il a préconisé cette réforme dans le journal *Oui*, du 1er septembre 1918, et dans *le Temps*, du 25 décembre dernier. De même, *la Liberté*, n° du 16 décembre 1918, sous la signature de M. Fernand-Laurent, et *l'Heure*, n° du 21 décembre 1918, sous la signature de M. Regnié, etc...

⁂

C'est dans cet ordre d'idées que M. le sénateur Jénouvrier a déposé une proposition de loi ayant pour but de modifier l'article 19 du Code civil, avec effet rétroactif. Cette proposition de loi, qui vient de faire l'objet d'un rapport favorable de M. Maurice Colin, au nom de la Commission chargée de la revision des dispositions du Code civil relatives à la nationalité (Documents parlementaires du Sénat, séance du 22 octobre 1918, p. 581, annexe 392), est ainsi conçue dans sa partie essentielle :

« Lorsqu'une Française épousera un soldat d'une nation alliée de la France, elle conservera sa nationalité, à moins qu'elle ne déclare expressement, dans son acte de mariage, vouloir suivre la condition de son mari ».

On voit, par ce texte restreint, que l'honorable sénateur d'Ille-et-Vilaine a été surtout frappé des inconvénients dont il avait été le témoin dans son département, les mariages des jeunes filles françaises ne pouvant guère, en fait, à l'heure actuelle, se conclure avec d'autres étrangers que les soldats des puissances alliées, accourus sur notre territoire. Il n'apporte ainsi qu'une solution partielle, puisqu'il laisserait de côté les mariages contractés avec les ressortissants, non militaires, de ces nations alliées, et avec les ressortissants des États neutres. Il nous semble qu'*a fortiori* doit être protégée et respectée dans sa nationalité la femme française qui épousera un sujet non allié (suisse, espagnol, hollandais, danois, norvégien, suédois, etc.).

D'autre part, cette proposition de loi, en ne visant que les mariages contractés avec des militaires des nations alliées, se trouverait limitée, en fait, à la durée de la guerre. Or, nous avons démontré que le principe de cette réforme était absolu et permanent.

Cette proposition de loi de M. Jenouvrier n'en constitue pas moins un progrès considérable, qui va, espérons-le, amorcer la réforme intégrale qui s'impose.

⁂

Il nous reste à examiner trois questions de détail, ou plutôt d'application.

I. Sous quelle forme se manifestera la volonté de la femme française?

Deux formules ont été proposées. Dans la première, il faudrait qu'elle manifestât la volonté de demeurer Française. Dans la seconde, qui est celle de MM. Jenouvrier et Maurice Colin, elle ne perdra sa nationalité, que si elle déclare expressément vouloir suivre la condition de son mari.

C'est cette seconde formule qui a toutes nos préférences. Il ne faut pas que le silence de la femme soit interprété contre elle. La renonciation à un droit doit être expresse et ne se présume pas. Qui ne voit, d'ailleurs, que la future épouse, entraînée par son affection pour son mari, éprouvera parfois quelque gêne, quelque hésitation à revendiquer sa propre nationalité, et se taira peut-être, tout en le regrettant? Au contraire, avec la seconde rédaction, c'est le mari qui n'osera pas demander à sa future femme un acte d'abdication, et celle-ci, en tous cas, sera en meilleure posture pour résister à une telle sollicitation.

Nous voulons même qu'il n'y ait aucune équivoque sur la déclaration qu'elle aurait à faire. Il faut qu'elle en comprenne toute la gravité et toute la portée. Aussi repoussons-nous ces termes trop voilés et trop vagues « suivre la condition de son mari ». Ce mot « condition » est trop insignifiant d'apparence. Que si l'on se contentait de demander à la jeune fille, souvent mineure et peu au courant de la terminologie juridique : « Consentez-vous à suivre la condition de votre futur époux ? » — « Evidemment, répondrait-elle, sans se rendre compte que ce mot banal signifie dans la circonstance « nationalité ». Nous proposons donc la rédaction suivante : « ... à moins qu'elle ne déclare expressément, dans l'acte de mariage, vouloir acquérir la nationalité de son mari ».

II. Quels sont les pays dont la femme française pourra

ainsi acquérir la nationalité par son mariage et sur son acceptation expresse ?

Les auteurs du Code civil, lors de la rédaction de l'article 19, n'avaient pas fait attention que certains pays étrangers ne concédaient pas leur nationalité aux femmes qui épousaient leurs sujets. C'était notamment le cas de l'Angleterre jusqu'à la loi du 12 mai 1870. C'est encore le cas de la Turquie. Dans cette hypothèse, la femme française se trouvait privée de toute nationalité, elle devenait « heimathlos ».

La loi du 26 juin 1889 a remédié à cette situation intolérable ; elle a apporté une première exception à la règle de la dénationalisation de la femme par le mariage ; elle a tempéré l'ancienne disposition absolue et générale : « la femme française qui épouse un étranger suit la condition de son mari » par cette dérogation équitable : « à moins que son mariage ne lui confère pas la nationalité de son mari, auquel cas elle reste Française ».

Nous pensons que cette dérogation doit être elle-même complétée. Il ne suffit pas que l'État étranger daigne octroyer sa nationalité à la Française qui épouse un de ses ressortissants ; il faut que cet État soit arrivé à un stade de civilisation suffisant, qu'il s'y maintienne ; il faut que les lois et les mœurs de cet État assurent à la femme française un minimum de garanties pour sa dignité et ses droits d'épouse et de mère et pour le respect de sa personne.

Il appartiendra au Gouvernement français de déterminer quels sont ces États, à la suite de conventions diplomatiques avec eux; et cette mesure, en même temps qu'elle éclairera la femme française sur le sort qui l'attend, sera un encouragement pour tels de ces États à se rapprocher de notre législation ou à ne pas s'en écarter.

III. Mesures transitoires.

Nous devons nous préoccuper, comme l'a fait M. Jénouvrier dans son intéressante proposition de loi, des femmes françaises qui ont déjà épousé des étrangers et perdu de ce fait, souvent contre leur gré, leur nationalité d'origine. Cette dénationalisation était un véritable non-sens, chaque fois que ces femmes continuèrent à résider en France, et la situation est devenue angoissante pour celles qui, antérieurement à la guerre, avaient épousé des Allemands, Autrichiens, Hongrois, Turcs ou Bulgares (exception faite des ressortissants des nationalités opprimées par ces États).

Or, ce droit à la patrie ne se prescrit pas, et, du moment que nous le proclamons pour l'avenir, nous devons aussi le reconnaître pour le passé. Nous le subordonnerons seulement à la condition de résidence, et nous y apporterons une exception, trop justifiée, à l'égard des misérables, très-rares, d'ailleurs, qui, au cours de la guerre, auraient épousé des sujets des États ennemis : elles se sont exclues elles-mêmes de la patrie.

⁂

En conséquence, nous proposons que le premier paragraphe de l'article 19, du Code civil soit remplacé par les dispositions suivantes :

« La femme française, qui épouse un étranger, conserve sa nationalité, à moins qu'elle ne déclare expressément, dans l'acte de mariage, vouloir acquérir la nationalité de son mari.

« Même dans ce cas, elle ne perdra la nationalité française que si son mariage doit lui conférer la nationalité d'un État dont les lois et les mœurs lui assurent des garanties suffisantes pour sa dignité et ses droits d'épouse et de mère et pour le respect de sa personne.

« Les États étrangers, qui seront considérés comme offrant ces garanties, seront déterminés par décrets rendus en la forme des règlements d'administration publique.

« La femme française, qui aura acquis la nationalité de son mari, pourra, en cas de mort de celui-ci, de divorce ou de séparation de corps, recouvrer la qualité de Française, avec l'autorisation du Gouvernement, pourvu qu'elle réside sur le territoire français ou en pays de protectorat, ou qu'elle y rentre en déclarant qu'elle veut s'y fixer.

Mesures transitoires :

« Toute Française, qui aura épousé un étranger antérieurement à la présente loi, aura la faculté, à la condition d'avoir continué à résider en territoire français ou pays de protectorat, de recouvrer sa nationalité française par une déclaration faite, dans les six mois à partir de la promulgation de la présente loi, devant l'officier de l'état civil de sa résidence.

« Dans le cas où, ayant cessé de résider en territoire français ou pays de protectorat, elle y rentrerait en déclarant qu'elle veut s'y fixer, la reprise de sa nationalité ne pourra s'accomplir qu'avec l'autorisation du Gouvernement.

« En cas de mariage avec un sujet des États en guerre avec la France, autre que les ressortissants des nationalités opprimées par ces États, la Française, qui aurait contracté ce mariage, ne pourra exercer ce droit de revendication de sa nationalité, que si son mariage est antérieur à l'entrée en guerre de cet État.

« Un décret, rendu en la forme des règlements d'administration publique, déterminera cette date pour chacun de ces États, ainsi que la liste des nationalités opprimées par eux.

« Mention de la reprise de la nationalité française sera opérée en marge de l'acte de naissance de l'intéressée. »

MARCEL SAUTERAUD,
Conseiller à la Cour d'appel de Paris.

P.-S. — *Cette étude, qui fait suite à celle que nous avons publiée dans le Journal de droit international, de M. Édonard Clunet, livraison de mars 1918, était déjà à l'impression, lorsque nous avons eu la satisfaction d'apprendre que MM. André Honnorat et Landry, députés, avaient déposé à la Chambre, dans la séance du 30 juillet 1918, une proposition de loi ayant en partie le même objet et que la Commission de la législation civile avait donné mandat à son rapporteur, M. Ernest Lafont, de rédiger un rapport favorable.*

Ainsi le Parlement est aujourd'hui saisi de cette réforme, à la fois au Sénat, par la proposition de loi de M. Jenouvrier, et à la Chambre, par celle de MM. André Honnorat et Landry.

Que l'opinion publique encourage ces efforts, pour que cette réforme, qui s'impose d'urgence, prenne enfin place dans nos lois.

M. S.

BAR-LE-DUC. — IMPRIMERIE CONTANT-LAGUERRE.

IMPRIMERIE
CONTANT-LAGUERRE

LUX VITAM

BAR-LE-DUC

www.ingramcontent.com/pod-product-compliance
Ingram Content Group UK Ltd.
Pitfield, Milton Keynes, MK11 3LW, UK
UKHW021041220726
13924UKWH00001B/460